AF337625

RÉPUBLIQUE FRANÇAISE

MINISTÈRE DE LA GUERRE

Direction de la Cavalerie ; Bureau des Remontes.

Instruction permanente pour le recensement des chevaux, juments, mulets et mules, à opérer chaque année, en exécution des lois sur les réquisitions militaires.

Document abrogé : *Instruction permanente pour le recensement du 10 juin 1908 (B. O., É. M., volume 70 bis, pages 3 à 25).*

Document applicable *aux troupes métropolitaines exclusivement.*

Classement à l'édition méthodique : *Volume 70 bis pages 3 à 25.*

Bordeaux, le 31 décembre 1914.

I. — Recensement des animaux.

Aux termes de la loi du 3 juillet 1877 sur les réquisitions militaires (titre VIII) et du décret du 2 août suivant, modifiés par la loi du 27 mars 1906 et le décret du 13 novembre 1907, portant règlement d'administration publique pour l'exécution de cette loi, un recensement général des chevaux, juments, mulets et mules de tout âge doit avoir lieu tous les ans, avant le 16 janvier, dans chaque commune, sur la déclaration obligatoire des propriétaires et, au besoin, d'office, par les soins du maire.

Article 74 du décret du 2 août 1877.

Conformément à ces prescriptions, les maires publient dans les premiers jours de décembre de chaque année un avertissement adressé à tous les propriétaires, quelle que soit leur nationalité, en nom particulier ou collectif, pour les informer qu'ils doivent se présenter à la mairie avant le 1er janvier suivant pour faire la déclaration de tous les chevaux, juments, mulets et mules qui sont en leur possession, sans aucune distinction ni exclusion, et en indiquer l'âge et le signalement.

Article 75 du décret du 2 août 1887.

Sont seules dispensées du recensement les personnes ci-après désignées :

1° Les agents non Français du service diplomatique étranger accrédités en France;

2° Les agents du service consulaire étranger, nationaux des pays qui les nomment, à condition que ces pays usent de réciprocité envers la France (1).

Les agents du service consulaire étranger ci-dessus mentionnés restent soumis au droit commun pour les animaux affectés soit à l'exploitation des biens qu'ils détiennent à titre de propriétaire, d'usufruitier ou de locataire, soit à l'exercice d'une profession commerciale ou industrielle.

Tous les animaux déclarés, quels que soient leur âge et leur aptitude, doivent être inscrits par les soins des maires sur un registre spécial du modèle ci-après. Cette inscription doit être effectuée avec la plus grande attention, en consultant au besoin le registre établi l'année précédente.

Ce registre doit donc comprendre tous les chevaux, juments, mulets et mules existant dans la commune.

Les inscriptions y sont faites par ordre alphabétique, en réservant pour chaque lettre le nombre de cases jugé nécessaire, d'après l'expérience des recensements précédents.

Il est donné (colonne 1) un numéro d'ordre à chaque animal, lors même que plusieurs animaux appartiennent au même propriétaire.

Le registre indique ensuite :

1° Les nom et prénoms de chaque propriétaire (par ordre alphabétique) [colonne 2];

2° Ses profession et qualités (colonne 3);

3° Son domicile (colonne 4).

Ces indications d'ensemble une fois portées, il y a lieu de distinguer si l'animal doit être compris dans la première partie ou dans la seconde partie du registre.

La 1re partie comprend les chevaux, juments, mulets et mules qui ne sont pas soumis au classement. La 2e partie comprend

---

(1) Jusqu'à nouvel ordre cette disposition doit être appliquée, abstraction faite de toute condition de réciprocité.

les chevaux, juments, mulets et mules qui, ayant atteint l'âge prescrit par la loi, sont soumis au classement.

Par suite, cette 2e partie doit comprendre tous les chevaux et juments qui atteignent 5 ans et au-dessus (1) dans l'année du recensement et tous les mulets et mules qui atteignent 3 ans et au-dessus dans la même année, et avec les indications suivantes :

1° Ceux qui n'ont pas encore été visités;

2° Ceux qui ont été reconnus aptes au service lors du dernier classement et inscrits sur le procès-verbal (modèle n° 2) conservé dans chaque commune;

3° Ceux qui sont exemptés comme appartenant à des fonctionnaires ou services publics et aux chemins de fer; les étalons approuvés ou autorisés, les juments poulinières;

4° Ceux qui ont été ajournés au dernier classement comme momentanément impropres au service de l'armée ou pour défaut de taille;

5° Ceux qui n'ont pas été déclarés par leurs propriétaires avant le 1er janvier, même s'ils ont été réformés les années précédentes.

Au contraire, ne doivent pas figurer à cette partie du registre et doivent être indiqués à la 1re partie :

Les chevaux, juments, mulets et mules réformés aux classements précédents, en raison de tares, de mauvaise conformation ou d'autres motifs qui les rendent impropres au service de l'armée (sauf l'exception indiquée plus haut — 5°).

Il est indiqué ensuite, pour chaque animal inscrit au registre dans la partie correspondante :

1° Le sexe. On l'indique par le chiffre (1) dans l'une des colonnes *ad hoc* (colonnes 5, 6, 7, 8 ou 9 pour la 1re partie, colonnes 15, 16, 17, 18 ou 19 pour la 2e partie);

2° L'âge. L'âge à indiquer est celui que les animaux atteignent dans l'année du recensement;

3° La taille;

4° Le nom, la robe et les particularités. Ces indications sont

---

(1) A titre exceptionnel, en conformité de l'article 4 du décret du 29 septembre 1914 portant dérogation temporaire au paragraphe 6 de l'article 40 de la loi du 3 juillet 1877, tous les chevaux et juments prenant 4 ans le 1er janvier 1915 devront être déclarés et inscrits sur le registre.

portées avec soin et d'une façon aussi précise et aussi complète que possible.

En ce qui concerne spécialement la 1ʳᵉ partie, on reproduira dans la colonne 13, pour les animaux classés au dernier classement, les indications portées au procès-verbal n° 2, établi lors de ce dernier classement, et pour les animaux réformés ou exemptés, celles portées sur les dernières listes de recensement par la commission de classement. En ce qui concerne les animaux réformés, on indique l'année. Exemple : « Réformé en 1911. » Si la réforme a été prononcée antérieurement à 1911, on en recherche la trace sur la liste du recensement de l'année correspondante à la décision prise.

On totalise à la fin de chaque page le nombre d'animaux par colonne, et ces chiffres sont reportés à la page suivante dans les colonnes correspondantes.

En ce qui concerne la 2ᵉ partie, la colonne 24 étant destinée à recevoir les notes de la commission de classement qui opérera ultérieurement, doit être laissée en blanc par la mairie.

On totalise à la fin de chaque page le nombre d'animaux par colonne, et ces chiffres sont reportés à la page suivante dans les colonnes correspondantes.

Article 52 de la loi du 3 juillet 1877 et article 76 du décret du 2 août suivant.

Aux termes de l'article 52 de la loi du 3 juillet 1877, les propriétaires de chevaux, juments, mulets et mules qui n'ont pas fait à l'époque fixée la déclaration de ces animaux, sont passibles d'une amende de 25 à 1.000 francs, et ceux qui ont fait sciemment des fausses déclarations sont frappés d'une amende de 50 à 2.000 francs.

Il est procédé comme il suit à l'égard des propriétaires qui ne se conforment pas aux obligations dont il s'agit :

Du 16 au 20 janvier, le maire de chaque commune fait exécuter des tournées par les gardes champêtres et les agents de police pour s'assurer que tous les chevaux, juments, mulets et mules ont été exactement déclarés.

Ces gardes et agents doivent, au fur et à mesure de la découverte des infractions, dresser des procès-verbaux contre tous les propriétaires qui n'ont pas encore fait à la mairie la déclaration obligatoire ou qui ont fait de fausses déclarations.

La loi n'ayant d'ailleurs prescrit, après déclaration obligatoire des propriétaires, que le recensement des animaux ayant atteint ou qui atteignent chaque année l'âge fixé pour la réquisition (cinq ans et au-dessus pour les chevaux et juments, trois ans et au-dessus pour les mulets et mules) (1), il n'est pas dressé de procès-verbal contre les propriétaires qui n'ont pas déclaré des animaux au-dessous de cet âge.

Les procès-verbaux dressés par les gardes champêtres et les agents de police sont individuels et dans la forme ordinaire. Ils doivent indiquer, du reste, à titre de renseignements, les motifs d'excuses qui peuvent leur être donnés par les intéressés.

Ces pièces sont transmises dans les délais fixés à M. le procureur de la République, qui fait procéder à une information comme il est prescrit en matière de délits ordinaires par le Code d'instruction criminelle.

Lorsqu'il est reconnu que des animaux n'ont pas été déclarés, le maire les doit porter d'office sur le registre sans rechercher s'ils ont été réformés ou ajournés antérieurement.

Article 77 du décret du 2 août 1877.

Le maire est tenu de délivrer à tous les propriétaires qui font la déclaration de leurs animaux un certificat (modèle F), constatant ladite déclaration et mentionnant le nombre de chevaux, juments, mulets et mules inscrits.

Ce certificat est remis au propriétaire immédiatement après l'inscription de la déclaration sur le registre.

Si le propriétaire a plusieurs résidences, il doit présenter le certificat indiqué dans le paragraphe précédent aux maires des communes où il ne fait pas inscrire ses chevaux et mulets.

Dans les villes divisées eu plusieurs cantons il est ouvert un registre pour chaque canton ou arrondissement municipal et, à Paris, pour chaque quartier.

Le registre est visé et certifié conforme par le maire, le 15 janvier de l'année suivant celle où il est établi.

Toutefois, il continue à rester ouvert pour recevoir toutes les inscriptions et mutations ultérieures; il doit être arrêté et définitivement visé le 31 décembre de l'année qui suit celle où il a été établi.

Ces registres sont conservés avec le plus grand soin sous la responsabilité du maire.

Indépendamment de ce document, il est établi également par

---

(1) Voir note (1) ci-dessus, page 3.

les soins du maire de chaque commune un relevé numérique (modèle C) en double expédition :

1° Des chevaux, juments, mulets et mules de tout âge existant chez les propriétaires de la commune;

2° Des mêmes animaux subdivisés en deux catégories :

Ceux qui n'atteignent pas, dans l'année du recensement, l'âge fixé par la loi;

Ceux ayant atteint ou qui atteignent, dans l'année du recensement, l'âge fixé par la loi (cinq ans et au-dessus pour les chevaux et juments, trois ans et au-dessus pour les mulets et mules).

Ce dernier état indique, en outre, en renvoi dans la colonne d'observations, le nombre total des animaux réformés aux classements antérieurs et existant encore à l'époque du recensement.

Il est bien entendu que les animaux réformés doivent être compris au nombre de ceux ayant atteint ou qui atteignent, dans l'année du recensement, l'âge prescrit par la loi et dans le total général de l'existant.

Les maires doivent adresser deux expéditions de ce relevé (modèle C), dès le 20 janvier, au sous-préfet de l'arrondissement qui en conserve une et transmet l'autre sans délai au bureau du ressort.

Les registres et relevés numériques doivent toujours être établis, arrêtés et certifiés conformes, même s'ils sont négatifs.

Chaque bureau de recrutement établit en simple expédition un relevé numérique général (modèle D) des renseignements fournis par les communes et transmet dès le 15 février cette expédition au gouverneur militaire ou au général commandant le corps d'armée.

A l'aide des états numériques (modèle D), chaque commandant de corps d'armée fait établir, pour toutes les subdivisions de région, un relevé récapitulatif général (modèle E) présentant l'ensemble des chevaux, juments, mulets et mules, existant au 15 janvier dans sa région de corps d'armée. Ce relevé (modèle E) doit être adressé au Ministre (Bureau des Remontes) pour le 1er mars suivant.

MM. les préfets font insérer au *Recueil des actes administratifs* celles des dispositions de la présente circulaire qui intéressent les municipalités. En outre, ils font publier dans les communes, par voie d'affiches, indépendamment de toutes communications qui pourraient être faites sur la voie publique, un avis invitant les propriétaires de chevaux, juments, mulets et mules de tout âge à faire les déclarations nécessaires avant le 1er janvier.

Ces affiches doivent être apposées dans les premiers jours du mois de décembre et en aussi grand nombre que possible, non seulement à la porte de la mairie, mais aussi dans chacun des groupes d'habitations les plus importants ou les plus éloignés du centre de la commune.

Les convocations individuelles ne sont pas exigibles; quand les municipalités jugent à propos d'en établir, ces convocations sont à leur charge ou sous leur responsabilité. Les autorités militaires n'ont pas à intervenir dans les inscriptions à faire pour le recensement.

La publication par affiches étant seule obligatoire, les affiches mentionnent que le défaut de tout autre mode de publicité ne constitue pas une excuse pour les propriétaires qui ne font pas la déclaration prescrite.

Les affiches mentionnent également en entier l'article 52 de la loi du 3 juillet 1877, relatif aux amendes que peuvent encourir les propriétaires d'animaux.

MM. les préfets rappellent d'ailleurs que le recensement est une mesure d'intérêt général prescrite par la loi et qui n'apporte aucune restriction au droit de propriété et aux transactions dont les animaux peuvent être l'objet.

Dans un certain nombre de communes, malgré les recommandations réitérées, les pièces établies par les maires pour le recensement annuel laissent fréquemment à désirer et ne donnent souvent que des renseignements fort incomplets.

Ces négligences sont des plus regrettables, surtout lorsqu'il s'agit de l'application d'une loi aussi importante que celle des réquisitions militaires, qui intéresse à un si haut degré la mobilisation de l'armée.

MM. les préfets sont priés de faire les recommandations les plus précises pour qu'il soit apporté dans les mairies tout le soin nécessaire à l'établissement du registre.

MM. les préfets doivent inviter les maires à se reporter aux explications portées audit registre; ils doivent également insister pour que l'état numérique (modèle C) soit envoyé exactement à la date indiquée plus haut.

Enfin, MM. les préfets rappellent aux maires que l'article 52 de la loi du 3 juillet 1877 leur est applicable et qu'ils sont passibles des mêmes amendes que les propriétaires de chevaux et mulets.

Les imprimés destinés à l'établissement du registre doivent être d'un format conforme aux dimensions indiquées sur le modèle ci-annexé.

Ces formules, ainsi que l'état C et le certificat E, sont imprimées par les soins des préfets.

Mais les dépenses d'imprimés et d'affiches sont à la charge de mon département; les factures et pièces qui y sont relatives sont transmises directement par MM. les préfets aux fonctionnaires de l'intendance, qui en mandatent le montant sur les fonds spéciaux du recensement des chevaux et mulets.

Il est bien entendu que, quelle que soit la date de la facture, le montant des fournitures ci-dessus doit être imputé sur les fonds de l'exercice pendant lequel elles ont été effectuées.

Les frais d'insertion au *Recueil des actes administratifs* sont supportés par MM. les préfets au titre du fonds d'abonnement des préfectures (ordonnance royale du 15 mai 1822).

Le recensement des voitures attelées ou non attelées est renouvelé tous les trois ans (art. 37 de la loi du 3 juillet 1877) (1).

La présente instruction ayant un caractère permanent, il y aura lieu de s'y reporter sans nouvel avis pour l'exécution des opérations du recensement des années suivantes.

Seules donneront lieu, dans l'avenir, à une notification particulière, les prescriptions ou modifications spéciales qui pourraient être nécessaires.

Toutefois, en vue de la bonne exécution de ces opérations, les commandants de corps d'armée se concerteront chaque année, dès le 1er novembre, avec les préfets.

---

(1) Exceptionnellement, il sera procédé en 1915 au recensement dans toutes les régions sans exception, et même dans celles où cette opération aurait eu lieu depuis moins de trois ans

Format 39✕25.

REGISTRE

des chevaux, juments, mulets et mules de tout âge existant dans la com
département d   , ouvert le

Explications d'ensemble.

Ce registre doit comprendre tous les chevaux, juments et mules existant dans la commune, quels que soient leur âge et leur aptitude.

Les inscriptions sont faites *par ordre alphabétique* en reservant pour chaque lettre le nombre des cases jugées nécessaires d'après l'expérience des recensements précédents.

Il est donné (colonne 1) un numéro d'ordre à chaque animal, lors même que plusieurs animaux appartiennent au même propriétaire.

Il ne doit être porté qu'un seul animal dans chaque case du registre.

On inscrit exactement les noms et prénoms des propriétaires dans la colonne 2; la profession et la qualité, quand il y a lieu, dans la colonne 3; exemple :

Lambert (Emile-Jules), propriétaire, sous-préfet.

Le domicile (colonne 4) comprend les indications accessoires de rue, de numéro, d'écart, de hameau, de ferme, etc.

On indique le sexe de l'animal (entier, hongre, jument, mulet ou mule) par le chiffre 1 dans l'une des colonnes 5, 6, 7, 8, 9 ou 15, 16, 17, 18, 19, selon le cas.

L'âge et la taille des animaux sont également portés en chiffres dans les colonnes 10 et 11, ou 20 et 21.

L'âge à indiquer est celui que les animaux atteignent dans l'année du recensement.

Le nom, la robe et les particularités sont indiqués avec le plus grand soin et d'une façon aussi précise et aussi complète que possible dans la colonne 12 ou 22.

Explications pour l'établissement de la 1ʳᵉ partie.

Cette partie comprend tous les animaux non soumis à l'examen du classement. On reproduit dans la colonne 13, pour les animaux classés au dernier classement, les indications portées au procès-verbal (modèle nᵒ 2) établi lors de ce dernier classement, et, pour les animaux *ajournés, réformés* ou *exemptés*, celles portées sur les dernières listes de recensement par la commission de classement. En ce qui concerne les animaux *réformés*, on indique l'année. Exemple : *Réformé* en 1911. Si la réforme a été prononcée antérieurement à 1911, on en recherche la trace sur la liste du recensement de l'année correspondante à la décision prise.

On totalise, à la fin de chaque page, le nombre d'animaux par colonne, et ces chiffres sont reportés à la page suivante dans les colonnes correspondantes.

Nota. — Les animaux sont indiqués avec l'âge qu'ils doivent

Nul n'est dispensé

UNIQUE

-mune d   , canton d   , arrondissement d

Explications pour l'établissement de la 2ᵉ partie.

Cette partie doit comprendre tous les animaux soumis au classement, c'est-à-dire tous les chevaux et juments qui atteignent *cinq ans et au-dessus* dans l'année du recensement et tous les mulets et mules qui atteignent *trois ans et au-dessus* dans la même année, et avec les indications suivantes :

1° Ceux qui n'ont pas encore été visités;

2° Ceux qui ont été reconnus aptes au service lors du dernier classement et inscrits sur le procès-verbal (modèle n° 2) conservé dans chaque commune;

3° Ceux qui sont exemptés comme appartenant à des fonctionnaires ou services publics et aux chemins de fer; les étalons approuvés ou autorisés, les juments poulinières;

4° Ceux qui ont été ajournés au dernier classement comme momentanément impropres au service de l'armée ou pour défaut de taille;

5° Ceux qui n'ont pas été déclarés par leurs propriétaires avant le 1ᵉʳ janvier, même s'ils ont été réformés les années précédentes.

Au contraire, ne doivent pas figurer à cette partie du registre et doivent être indiqués à la première partie :

Les chevaux, juments, mulets et mules *réformés* aux classements précédents, en raison de tares, de mauvaise conformation ou d'autres motifs qui les rendent impropres au service de l'armée (sauf l'exception indiquée plus haut [5°]).

La colonne 24, étant destinée à recevoir les notes de la commission de classement qui opérera ultérieurement, doit être laissée en blanc par la mairie.

On totalise, à la fin de chaque page, le nombre d'animaux par colonne, et ces chiffres sont reportés à la page suivante dans les colonnes correspondantes.

atteindre dans l'année au titre de laquelle se fait le recensement.

de la déclaration.

| | RENSEIGNEMENTS GÉNÉRAUX. | | | Ire PARTIE. Chevaux, juments, mulets et mules qui ne sont pas soumis au classement. | | | | | | | | |
| | | | | SIGNALEMENT DES ANIMAUX. | | | | | | | | |
NUMÉROS D'ORDRE.	NOMS ET PRÉNOMS des propriétaires	PROFESSION ou QUALITÉ.	DOMICILE.	Chevaux entiers.	Chevaux hongres.	Juments.	Mulets.	Mules.	Âge en 19..	Taille.	NOMS, ROBE et PARTICULARITÉS.	MOTIF DE CLASSEMENT dans la 1re partie.
1	2	3	4	5	6	7	8	9	10	11	12	13
	Exemples :											
1	Aubert (Léon)	Cultivateur	L'Étang	»		1	»	»	14 ans	1m63	Favori, gris pommelé.	Réforme en 19..
2	Aubert (Léon)	Cultivateur	L'Étang	»	»	»	»	»	»	»	»	»
3	Breton (Paul)	Cultivateur	La Hutte	»	»	1	»	»	3 ans	1m56	Biche, noir étoilé.	N'a pas l'âge requis.
4	Nicole (Éloi)	Cultivateur	La Motte	»	»	»	»	»	»	»	»	»
			TOTAUX..	»	»	2	»	»				

VU ET CERTIFIÉ conforme à

Arrêté définitivement et visé à

décembre 191

Le Maire,

IIe PARTIE.

Chevaux, juments, mulets et mules qui, ayant atteint l'âge prescrit par la loi, sont soumis au classement.

RAPPEL DU NUMÉRO D'ORDRE.	SIGNALEMENT DES ANIMAUX.								CLASSEMENT DONNÉ par la commission lors du dernier classement.	CLASSEMENT DONNÉ par la commission en 19 .	OBSERVATIONS et MUTATIONS.
	Chevaux entiers.	Chevaux hongres.	Juments.	Mulets.	Mules.	Age en 19	Taille.	NOM, ROBE et PARTICULARITÉS.			
14	15	16	17	18	19	20	21	22	23	24	25
»	»	»	»	»	»	»	»	»	»	»	»
2	»	»	1	»	»	9 ans	1m60	Fauvette, gris vineux.	ajournée, poulinière.	»	»
»	»	»	·	»	»	»	»	»	»	»	»
4	»	»	!	»	»	10 ans	1m62	Coquette. gris pommelé clair	C°	»	»
	»	»	2	»	»						

Le 31 décembre 191 .

Le Maire.

— 15 —

Modèle C.
—
Instruction
du 31 décembre 1914.

Département d
———

Arrondissement d
———

Canton d
———

Commune d
———

Loi du 3 juillet 1877
(Art. 37), modifiée
par la loi du 27 mars
1906.

Deux exemplaires de cet
état doivent être envoyés
par le maire au sous-pré-
fet de l'arrondissement à
la date du 20 janvier.

ÉTAT NUMÉRIQUE

des chevaux, juments, mulets et mules existant au 15 janvier 19   .

1º *Nombre total des animaux de tout âge existant chez les propriétaires.*

Chevaux entiers (A).	Chevaux hongres (A).	Juments (A).	Mulets (A).	Mules (A).	TOTAL. (A).
1	2	3	4	5	6

2º *Division des animaux existant chez les propriétaires en catégories d'âge.*
(au-dessus ou au-dessous de l'âge prescrit par la loi).

ANIMAUX N'ATTEIGNANT PAS, EN 19 (a) l'âge prescrit par la loi.						ANIMAUX AYANT ATTEINT ou qui atteindront en 19 (a) l'âge prescrit par la loi, y compris ceux réformés au dernier classement ou aux classements antérieurs.						TOTAL GÉNÉRAL de l'existant, y compris les animaux réformés au dernier classement ou aux classements antérieurs. (A)	OBSERVATIONS.
Au-dessous de 5 ans.			Au-dessous de 3 ans.			De 5 ans et au-dessus.			De 2 ans et au-dessus.				
Chevaux entiers.	Chevaux hongres.	Juments.	Mulets.	Mules.	TOTAL	Chevaux entiers.	Chevaux hongres.	Juments.	Mulets.	Mules.	TOTAL.		20
7	8	9	10	11	12	13	14	15	16	17	18	19	
													Parmi les animaux figurant dans les colonnes 13 à 18 (B) ont été réformés, soit au dernier classement, soit aux classements antérieurs.

(A) Les chiffres portés dans ces colonnes doivent être les mêmes que ceux figurant au total à la fin du registre de déclaration.
(B) Indiquer le nombre. S'il n'y a pas d'animaux réformés, on mettra la mention *néant*.

Fait à   , le   19   .

Le Maire.

NOTA — Le total des chiffres portés dans les colonnes 7 et 13 doit représenter le chiffre porté à la colonne 1.

—	—	8 et 14	—	2.
—	—	9 et 15	—	3.
—	—	10 et 16	—	4.
—	—	11 et 17	—	5.
—	—	12 et 18	les chiffres portés aux colonnes 6 et 19.	

(a) Porter le millésime de l'année où a lieu le recensement.

Modèle D.

Instruction ministé-
rielle du
31 décembre 1914.

2e DIRECTION
(CAVALERIE).

BUREAU
des
REMONTES.

ᵉ **CORPS D'ARMÉE.**

ᵉ **SUBDIVISION.**

Loi du 3 juillet 1877
(Art. 37), modifiée
par la loi du 27 mars
1906.

FORMAT { Hauteur.. 0ᵐ,39
{ Largeur.. 0ᵐ,25

BUREAU DE RECRUTEMENT d

ÉTAT NUMÉRIQUE GÉNÉRAL

*des chevaux, juments, mulets et mules existant
au 15 janvier 19*

DÉPARTE-MENTS.	ARRON-DIS-SEMENTS.	CANTONS.	COMMU-NES.	NOMBRE DES ANIMAUX n'atteignant pas l'âge prescrit par la loi.						NOMBRE DES ANIMAUX ayant atteint l'âge prescrit par la loi.						TOTAL GÉNÉRAL de l'existant.	ANIMAUX RÉFORMÉS AUX CLASSEMENTS ANTÉRIEURS (A).
				Au-dessous de 5 ans.		Au-des-sous de 3 ans.				De 5 ans et au-dessus.		De 3 ans et au-des-sus.					
(Par ordre alpha-bétique.)	(Par ordre alpha-bétique pour chaque départe-ment.)	(Par ordre alpha-bétique pour chaque arrondisse-ment.)	(Par ordre alpha-bétique pour chaque canton.)	Chevaux entiers.	Chevaux hongres.	Juments.	Mulets.	Mules.	TOTAL.	Chevaux entiers.	Chevaux hongres.	Juments.	Mulets.	Mules.	TOTAL.		
				7	8	9	10	11	12	13	14	15	16	17	18	19	20
			Total égal.........														

(A) Ces animaux doivent être compris au nombre de ceux qui figurent aux colonnes 13 à 18.

Nota. Les colonnes 7 à 20 ont été numérotées de manière à être en concordance avec celles du modèle C.

Fait à   , le   19 .

Le Commandant du bureau de recrutement

Modèle E.
—
Instruction ministé-
rielle du 31 décem-
bre 1914.

2e DIRECTION
(CAVALERIE).
—
BUREAU
des
REMONTES.

Loi du 3 juillet 1877
(Art. 37), modifiée
par la loi du 27 mars
1906.

Format { Hauteur.. $0^m,39$
{ Largeur.. $0^m,25$

e CORPS D'ARMÉE.

RELEVÉ RÉCAPITULATIF GÉNÉRAL

des chevaux, juments, mulets et mules existant au 15 janvier 19
dans la   e région.

SUBDIVISIONS de RÉGION.	NOMBRE DES ANIMAUX n'atteignant pas l'âge prescrit par la loi.					NOMBRE DES ANIMAUX ayant atteint l'âge prescrit par la loi.						TOTAL GÉNÉRAL de l'existant.	ANIMAUX RÉFORMÉS AUX CLASSEMENTS ANTÉRIEURS (A).
	Au-dessous de 5 ans.	Au-dessous de 3 ans.			TOTAL.	De 5 ans et au-dessus.	De 3 ans et au-dessus.				TOTAL.		
	Chevaux entiers.	Chevaux hongres.	Juments.	Mulets.	Mules.	Chevaux entiers.	Chevaux hongres.	Juments.	Mulets.	Mules.			
	7	8	9	10	11	12	13	14	15	16	17	18	19	20
Totaux													

(A) Ces animaux doivent être compris au nombre de ceux qui figurent aux colonnes 13 à 18.

Nota. — Les colonnes 7 à 20 ont été numérotées de manière à être en concordance avec celles des modèles C et D.

Fait à

Le *Général commandant le   e corps d'armée,*

19

Modèle F.

Instruction ministérielle
du 31 décembre 1914.

(1) Nom et prénoms.
(2) Profession.
(3) Nombre des animaux.

Loi du 3 juillet 1877.

Décret du 2 août 1877.

RECENSEMENT POUR 191

DES CHEVAUX, JUMENTS, MULETS ET MULES.

CERTIFICAT DE DÉCLARATION.

L'an mil neuf cent   , le   du mois de décembre, je soussigné
Maire de la commune d   , canton d
arrondissement d   , département d   , certifie que
le sieur (1)   , (2)   , domicilié dans cette
commune, a déclaré qu'il possède (3)   animaux de tout âge, dont (3)
cheva   , (3)   jument   , (3)   mulet   et (3)   mule   .

Le Maire,